Zhongguo Wenhua
Zhishi Duben

中国文化知识读本

主编 金开诚

编著 王泽妍

灵岩寺

吉林出版集团有限责任公司

吉林文史出版社

图书在版编目（CIP）数据

灵岩寺／王泽妍编著.—长春：吉林出版集团有
限责任公司：吉林文史出版社，2009.12（2022.1重印）
（中国文化知识读本）
ISBN 978-7-5463-1538-6

Ⅰ.①灵… Ⅱ.①王… Ⅲ.①佛教－寺庙－简介－济
南市 Ⅳ.① B947.252.1

中国版本图书馆 CIP 数据核字（2009）第 222444 号

灵岩寺

LING YAN SI

主编／金开诚　编著／王泽妍

责任编辑／曹恒　崔博华 责任校对／王新

装帧设计／曹恒　摄影／金诚　图片整理／董昕瑜

出版发行／吉林文史出版社　吉林出版集团有限责任公司

地址／长春市人民大街4646号　邮编/130021

电话/0431-86037503　传真/0431-86037589

印刷/三河市金兆印刷装订有限公司

版次/2009 年 12 月第 1 版　2022 年 1 月第 3 次印刷

开本/650mm×960mm　1/16

印张/8　字数/30千

书号/ ISBN 978-7-5463-1538-6

定价/34.80元

关于《中国文化知识读本》

文化是一种社会现象，是人类物质文明和精神文明有机融合的产物；同时又是一种历史现象，是社会的历史沉积。当今世界，随着经济全球化进程的加快，人们也越来越重视本民族的文化。我们只有加强对本民族文化的继承和创新，才能更好地弘扬民族精神，增强民族凝聚力。历史经验告诉我们，任何一个民族要想屹立于世界民族之林，必须具有自尊、自信、自强的民族意识。文化是维系一个民族生存和发展的强大动力。一个民族的存在依赖文化，文化的解体就是一个民族的消亡。

随着我国综合国力的日益强大，广大民众对重塑民族自尊心和自豪感的愿望日益迫切。作为民族大家庭中的一员，将源远流长、博大精深的中国文化继承并传播给广大群众，特别是青年一代，是我们出版人义不容辞的责任。

《中国文化知识读本》是由吉林出版集团有限责任公司和吉林文史出版社组织国内知名专家学者编写的一套旨在传播中华五千年优秀传统文化，提高全民文化修养的大型知识读本。该书在深入挖掘和整理中华优秀传统文化成果的同时，结合社会发展，注入了时代精神。书中优美生动的文字、简明通俗的语言、图文并茂的形式，把中国文化中的物态文化、制度文化、行为文化、精神文化等知识要点全面展示给读者。点点滴滴的文化知识仿佛繁星，组成了灿烂辉煌的中国文化的天穹。

希望本书能为弘扬中华五千年优秀传统文化、增强各民族团结、构建社会主义和谐社会尽一份绵薄之力，也坚信我们的中华民族一定能够早日实现伟大复兴！

目录

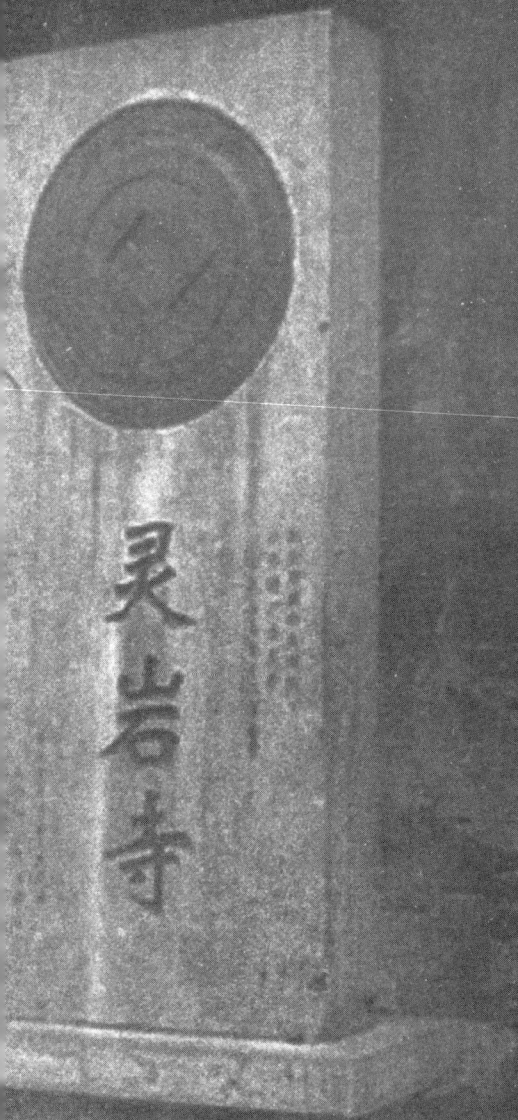

一 灵岩寺概述

在泰山西北麓（今济南市长清区万德镇境内），坐落着一座千年古刹——灵岩寺。该寺始建于东晋，距今已有一千六百多年的历史。

驻足灵岩胜景，你会发现，这里群山环抱、岩幽壁峭、柏檀叠秀、泉甘茶香、古迹荟萃、佛音缭绕。这里不仅有高耸入云的辟支塔、传说中奇特的铁袈裟，还有隋唐时期的般舟殿、宋代的彩色泥塑罗汉像，更有"镜池春晓""方山积翠""明孔晴雪"等自然奇观。故明代文学家王世贞有"灵岩是泰山背最幽绝处，游泰山不至灵岩不成游也"之说。寺内有北魏石窟

千年古刹灵岩寺

灵岩寺

清净的灵岩寺寺院

造像、唐代的宇寺塔，宋朝的泥塑绘画，寺
内的罗汉泥塑像制作于宋代，梁启超称之为
"海内第一名塑"，刘海粟题辞"灵岩名塑，
天下第一，有血有肉，活灵活现"。

　　近年来，灵岩寺的文物保护、旅游发展
有了长足的进步，已成为国内外知名的旅游
目的地，每年都有百万计的国内外游客来灵
岩寺观光游览、寻古访幽，或登山健身、体
察自然，或避暑消夏、商务会谈。

寺院内的古木

灵岩寺
004

二 灵岩寺的地质胜景

灵岩寺香炉

举目远望，峰峦叠嶂

灵岩寺位于泰山西北津浦铁路万德车站东侧的灵岩峪中。这个地方地质构造特征明显，地貌形态典型，各种自然要素之间的组合特征明显，故而是地质学、地貌学、植物学野外实习的良好基地。灵岩寺所处之灵岩峪奇峰异石、松柏葱茏、古塔高耸、风景秀丽，一向有"灵岩胜境"之称。

步向峪头，只见灰白色如麻粒嵌布聚集的巨大岩石块伏于沟头，此岩石为距今24亿年的泰山群片麻岩，乃四周群山之基。举目南望鸡鸣山，北眺八宝山，居于两侧。其下是中寒武系石灰岩层，经风蚀形如卫士，蔚为壮观。沿着路向东行便可见一石坊，

灵岩寺

"灵岩胜境"石坊

上面刻写四个大字——"灵岩胜境"，原是古代寻古访踪的旧道，现在其右侧已经被平整光滑的沥青路面代替，来来往往的汽车满载游客。再向南面行走三里，便可抵达崇兴桥（亦称通灵桥），登桥四周环望，见峰峦似龙飞跃、似虎踞山，极为壮美。抬头仰望南山，陡峻的山峰之间，有一如磨孔大的圆孔穿山而过，那便是极具神话情趣的透明山了。据说一位为了修建灵岩寺的法师来此建寺受阻，那法师不畏艰险，一心要在此处建一佛寺以光大佛法，其诚心感动上天，于是，天神将山射穿，这便是关于那圆孔的传说了。

这些奇异景色是如何形成的呢？经科学考证，在漫长的地质岁月中，地壳几经变迁，泰山群变质岩普遍露于华北地台之山上，六亿年前被海水淹没，沉积、堆积了大量的泥沙和碳酸钙物质，经石化最终形成了各种岩石。在四亿年前地壳上升复为陆地，三亿年前海陆交互，又沉积了大量泥沙和煤层，在一亿年前的白垩纪时代又上升成山，经长期的水流，风化的外力侵蚀作用，形成了外貌各异的群山。其四周群峰上部是厚度较大、质量较纯、易于水蚀风残的石灰岩层，形成了奇峰异洞的美貌。

沿着道路一直向前走，只见一路上峰回路转，景不胜收，行约十里，便来到了

满目葱茏的灵岩峪

灵岩寺

灵岩寺坐落在翠谷之中

对松桥，一松分侧，桥从树中穿过，亦为绿景。向前不及百步就来到龟背石，此石为花岗片麻岩，两组不同方向交错相割，形似龟背而得名，站在龟背石上向北望山口之岩石西青东红相接，此为一南北方向的东升西落的断层所错，它是地壳变动的遗迹，若要观其究竟，可不必登山费劳，在龟背石之西南沟中，就可找到它们的位置。

再往前半里路程，就到了接官亭，亭下就是当年大文学家苏东坡曾经醉卧过的黄茅

灵岩山又名"方山"

岗。"醉中走上黄茅岗，满岗乱石如群羊，岗头醉倒石作床，仰观白云天茫茫……"读着这豪气磅礴的诗句，不难想象当年的胜景。此诗在灵岩寺中有其手书碑刻，甚为豪放。"石如群羊"的比喻非常形象，这也是因为风化水蚀而形成的。

再向前便到了名列我国古代佛寺的"四绝之首"的灵岩寺了。这个奠基于东晋，兴建于北魏，盛于唐宋的千古名刹曾是晋代高僧朗公传经授法之处，他观此地山势崔嵬，山泉甘美，草木茂盛，景色幽雅，于是便聚众讲经，听者千余人，每讲到精彩处禽鸟不飞，万兽不走，山石头点，听

寺内小径清洁幽静

者以告朗公，公曰："山灵也，不足为怪。"灵岩寺便由此得名。寺内的五步三泉为馒头组地层与泰山群地层不整合面上的"接触泉"，地下水沿前者的层面裂隙流下，遇不透水的泰山群中受阻成泉，属潜水在重力作用下流出的下降泉。

灵岩寺的东北角墙内便可见到地层受内力挤压形成的箱形褶曲，甚为清晰。沿寺东小径攀登上山，沿途到处可见像书页的紫红色、黄绿色、猪肝色的页岩、深灰色石灰岩，层层叠叠直到山顶。石灰岩中的交错层理还清晰可见，这些不同颜色、不同性质的岩层和现象，反映并记录了六亿年前寒武期早、

灵岩寺的地质胜景

灵岩寺位于泰山西北山麓灵岩山脚下

中时期古地理和古气候环境，若仔细寻找还可见到当时海生无脊椎动物繁盛时期的遗骸嵌藏于岩石之中。它证明当时已具有了生命，并可了解当时的自然环境。山上有像鱼子凝聚的岩石——绍状灰岩，这就表明了当时海水的动荡环境。在山坳处饮虎池还可见到一亿年前地下岩浆顺层侵入到石灰岩层中的辉绿岩，像床一样嵌入其中，故称"岩床"，甘美的泉水从上覆的石灰岩裂缝中渗透流至辉绿岩的岩床面上散流而上，这就是泉水中下降泉的一种类型。当看到这些奇异而又受科学规律支配的地质现象时，人们都会渴望了解地球的奥妙，追根溯源探讨大自然的兴趣。

三 灵岩寺的自然景观

曲径通幽

灵岩寺

灵岩寺，自然景色壮丽秀美，这里石秀、岩峭、洞幽、泉甘、树奇。下面就让我们一一领略它们的独特风姿。

（一）灵岩寺的山

灵岩寺坐落于泰山西北麓，灵岩寺周围的山岭是泰山十二支脉之一，主峰海拔668米。该地区独特的地层岩性和地质构造及各种地质作用构成了灵岩山脉秀、奇、幽、奥四大特点。

1. 方山

灵岩寺因凭依灵岩山而名，而方山即是灵岩山的原名。这座山主峰青壁四削，上平如砥，方方正正，很像古时将军的玉符印，所以称"方山"，又称"玉符山"。山之阳，是满月葱茏的灵岩峪，曲折起伏的山峦向东西两侧延伸，灵岩寺就坐落在这翠谷之中。

2. 明孔山

"山精若个逞玲珑，空里生明明里空。参到白毫光满处，阎浮大顾此些同。"这是明代诗人胡一龙对明孔山这个大自然鬼斧神工的神奇造化的由衷感叹。

明孔山怪石嶙峋，山势如楼似阁，山巅峭壁上的圆形孔洞，大如车轮，如明镜高悬，似皓月当空，名明孔山。据传，北魏法定和

明孔山

灵岩寺的自然景观

灵岩寺背依鸡鸣山，石秀岩峭

尚重开灵岩山时，由青蛇引路、二虎驮经至此，仰观山如连城，陡不可攀，于是就面壁 27 天，终于感动了菩萨。菩萨便令太阳神射穿岩石，光照数里，法定循光而进，直达寺址。清人韩章写诗称道："何年凿辟见神工，嘉兆分明应朗公。宝刹既成人已去，犹留满月照山中。" 匠心独具的神奇的明孔山，怎能不让人感叹天地物主的奇妙造化。

3. 鸡鸣山

当我们一进入灵岩景区，迎面便可以看见一座高山，这座山的山巅很像鸡冠。据当地人传说，古时候有一个小偷，一天晚上偷了东西正巧走到了鸡鸣山下，忽然听到一阵很大的公鸡报晓声，这声音之大，使整个山冈都为之震动，这盗贼心里害怕极了，从此改过自新，再也不干坏事了，于是，人们便把这座山叫做"鸡鸣山"。鸡鸣山树木森森，石秀岩峭，景色秀丽，为旧时灵岩十二景之一。

（二）灵岩寺之峭岩秀石

1. 巢鹤岩

乾隆皇帝酷爱游玩，在做皇帝的六十年里曾经六下江南，名为巡视督导，实为

灵岩寺巢鹤岩

游山玩水。当他走到灵岩寺巢鹤岩时，不禁为巢鹤岩那鬼斧神工的神奇景色所吸引，于是雅兴大发，赋诗一首："法定开山有鹤瑞，羽衣翩翩驻云峰。至今月白风清夕，仿佛东坡梦所逢。"

在方山的峭壁之下，有一方像一个大舞台似的平缓台阶。其实，这个"大舞台"是一个突出的岩体，它的上面有方山陡峭峰巅压顶，下有万仞立壁石崖烘托。置身其上，犹如凌空而立，飘飘然目空一切之感油然而起，这就是巢鹤岩。

巢鹤岩又名蹲狮岩、晾经台。关于巢鹤岩的得名还有一段传说，相传法定禅师初来灵岩时，惊起的白鹤栖落于此，从而得名巢鹤岩。同时，这里还是法定禅师禅杖击泉溅湿经卷之后的晾晒之处。所以，人们也称巢鹤岩为"晾经台"。现在岩上新建的小亭名曰"巢鹤亭"。这亭子虽然小，但居于其中

灵岩寺的自然景观

却是气象万千。如您在亭中小坐，静气屏神，吸山中灵气，纳八面来风，听百鸟鸣唱山风儿弹琴，看山外农耕寺内烟火，于是便有万般情调尽入怀中，千种思绪尽汇脑际。思想便时而混沌，时而空灵，进而便"拂却红尘上翠微"，怎能不让人飘飘欲仙？

2. 朗公岩

朗公岩就是朗公石，它坐落在泰山西麓的昆瑞山上。进入灵岩景区，向东遥望，会隐约发现山巅上岩石突兀，形似一老僧，身披袈裟，手拄禅杖，在山路上行走，后面跟着一群信徒，这就是朗公石，是灵岩寺的奇景之一。实际上，如果我们观察得

东山峰有一怪石，状如一个老僧，称为"朗公石"

灵岩寺

足够仔细的话便不难看出，老僧是一岩石，禅杖及身后信徒则是一些形态皆似的柏树。

关于朗公岩的来源还有一个传说，话说东晋末年，朗公和尚来到泰山西麓的昆瑞山，见这里的风景不错，就在山上建了一座经舍，住了下来。这山里还住着一个隐士，是一位解甲归林的老将军，名叫张忠。这个人不但信佛，还深通佛理。他们两人一块住在山上，整日相处，十分投机，结成了莫逆之交。一天，皇帝突然下了圣旨，因边关战事紧张，命张忠挂帅出征。张忠只好别了朗公，领兵往边关去了。张忠走了以后，朗公天天盼着

近观朗公石

灵岩寺的自然景观

远眺灵岩山

张忠回来，常站在昆瑞山顶上向远遥望，希望能看到平定边关回来的张忠。可是他哪里知道，张忠已经在华阴战死了。后来，他就变成了一尊山石，屹立在昆瑞山顶，人们便把这尊山石叫做"朗公石"。此景在宋代就有记载，历经八百多年而保持原状，可谓一大奇观。明孙瑜有咏《和宋僧仁钦十二景·郎公山》："插天崛起一危峰，遥望如人整巨容。闻道朗公曾此过，至今犹说是遗踪。"

3. 悬星岩

悬星岩位于灵岩山北崖的最高处，又名功德顶。其上有石龛，是唐太宗李世民

灵岩山林木茂密，郁郁葱葱

在位的时候开凿的，名字叫做"证明功德龛"。平面呈椭圆形，内雕释迦牟尼坐像，高有5米，体态丰腴，壮硕典雅。原来在释迦牟尼佛像旁边还祭祀着四名侍者菩萨，到今天就只剩下两个了。壁上有很多唐宋题刻。在明朝嘉靖皇帝在位时，又在窟外增建献堂，把墙又涂成红色，所以俗称红门。这里山色高远绝胜，如入云间天界。于是便有诗道："灵岩绝顶晓云开，露出仙家胜景来。偃蹇苍松藏殿阁，潺溪流水绕楼台。青山隐隐朝还拱，朱雀翩翩去复回。半点红尘飞不到，登临恍若在蓬莱。"

4. 雨花岩

雨花岩景色绝美，其石润水滴，淋漓如雨，若遇霞光照耀，颗颗水珠流光溢彩。据传，当年乾隆皇帝来到灵岩寺，看到这番景致，便给此岩取名为"雨花岩"，并有"未见飞空天女散，落来岩际尽天花"的诗句。

雨花岩景区岩石嵯峨，景色幽静

灵岩寺

雨花岩地僻溪深，格外幽静。上面临着峭壁，下面就是清溪，岩石嵯峨凹凸，状如抱厦。悬岩小泉淅淅沥沥，如漱珠玑；叮叮当当作响，富有琴韵。滴水崖下，小溪潺潺向西流去，清澈见底，水草和卵石在水流中杂乱错落有致，小溪的岸边却又芳草萋萋，清韵宜人。岩壁的沟壑处松柏森森然，若青萝垂挂。山风吹来，松涛轰鸣，如山洪暴发万马奔腾。如若天气风和日丽，则松林静谧，山鸟叽叽喳喳，别是一派美丽祥和的好光景。由于景色壮丽，被古人列为灵岩八景之一。

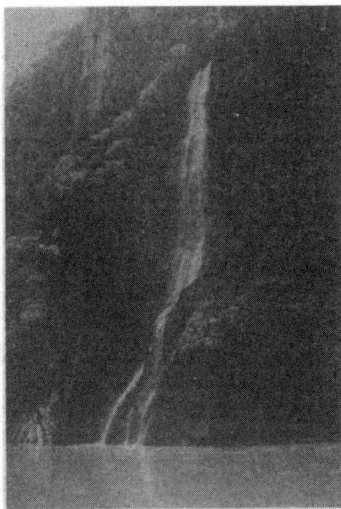

雨花岩风光

（三）灵岩寺的幽洞甘泉

灵岩寺因其独特的地质构造造就了很多鬼斧神工、幽深奇特的洞穴，如麻衣洞、白云洞、观音洞、黑云洞、涵云洞、朝元洞、老虎洞等。洞内有的宽敞明亮，有的褊狭崎岖，有的有惟妙惟肖的雕塑……非常好看。除此之外，灵岩寺景区石中含窍，地下藏机，泉水飞瀑不胜枚举。除卓锡泉、袈裟泉、檀抱泉被列入济南七十二名泉外，双鹤泉、白鹤泉、甘露泉、饮虎泉、上方泉、飞泉、黄龙泉、朗公泉亦被载入济南名泉之列。

1. 明孔洞

从崇兴桥向南望，石牙参错，山势如楼

灵岩寺的自然景观

灵岩山

似阁，峭壁上有一个大圆孔，大如车轮，南北相通，恰似明镜高悬，皓月当空，这就是颇具神话情趣的透明山，又称明孔洞。

相传北魏正光初，法定高僧从西方来，入灵岩山谷，前有青蛇引路，后有老虎驮经，行走在崎岖荆棘的山路上，走着走着，只见陡壁突然从四面凸起，嶙嶙岩块堵在前进的路上，无路可行。法定便面壁而坐，瞑目诵经，等坐到第四十九天时，突然雷声轰响，山石迸裂，只见头顶有一束强光向下射来。原来法定面壁打坐感动了天神，阳光把山崖射穿，透过洞穴形成光束，为法定指路。洞穴就是现在的明孔洞。

当然，这只是一个美丽的传说，后经考古学家研究，这个洞其实是寒武系中统张夏组厚层灰岩，在地下水的长期作用下形成的一个近南北向延伸的水平溶洞，后来地壳上升，溶洞也被抬高，出露在现今的山顶，山顶石灰岩长期风化剥蚀，形成现在的透明洞。山巅原有灵光亭，"明孔雪晴"为灵岩寺的奇观之一。雪霁天银装素裹，雾光映天，一派仙境，有诗赞曰："梵僧昔日憩岩间，灵迹千年尚可攀。雪霁扶筇闲眺望，烟光咫尺见他山。"

白云洞

2. 白云洞

白云洞位于可公床的上方，洞高 3 米，主洞进深达 7 米多，洞壁上还镶嵌着乾隆皇帝钦书御碑七方。洞门上方是悬崖，只见古柏倒挂，凌空欲飞，时有雄鹰盘旋。在此鸟瞰山谷，葱葱郁郁，深不可测。空谷中时有幽响，不断在耳畔鸣响，每逢急雨乍停，或阴雨连绵之际，西北风送着云雾，爬过方山之巅，只见如瀑布般泻向白云洞一带的山峦间，然后受到山坡上升起气流的阻挡，冉冉再飘向白云洞两侧，而从东南方向遇山回旋的气流，则又把云雾吹回。如此，不断地下写升起、吹回、翻浪、飘荡在白云洞的上空。

观音洞

就像白云朵朵从洞口涌出，此洞遂被称为白云洞。

3. 观音洞

在灵岩山半山，有个观音洞，相传这里曾是春秋战国时期吴国国王夫差关押勾践、范蠡的地方。后来，人们在山石上雕凿了观音菩萨，取名为观音洞。观音洞从外面看平淡无奇，但是进入洞中方知是别有洞天。

4. 卓锡泉、白鹤泉、双鹤泉

卓锡泉、白鹤泉、双鹤泉位于千佛殿东侧崖壁下，三泉相临，又被并称为"五步三泉"。泉水从石涧中冒出，泉水甘洌，终年不竭，注入一石池中，宛如明镜，"镜池春晓"即出于此。卓锡泉，又名锡杖泉，相传为法定禅师用锡杖敲击山石，水随锡杖飞涌而出得名。白鹤泉，又名双鹤泉，传说法定禅师寻水时，经山中樵夫的指点，在双鹤鸣处找到了泉水，故以此名之。卓锡泉为济南七十二名泉之一。

三泉之中，以卓锡泉的泉水为最盛。其泉水在崖壁下洞穴内涌出，上方石壁上镌"卓锡泉"三字，字为篆体，字呈红色。泉旁的石崖上面苍苔满壁，从上面垂下翠柏树枝，而下面又长出数株凤尾修竹，景致美，环境更好。卓锡泉东约十八米崖壁下，为白鹤泉，

卓锡泉传说因高僧用锡杖戳地出泉而得名

灵岩寺的自然景观

远眺石崖

呈石窟状，泉自窟壁缝隙中流出。窟上方岩壁嵌着乾隆二十年(1755年)"白鹤泉"石刻，字为行书，字呈红色。双鹤泉在卓锡泉南七八米处，为南北向双池，南池壁上题"双鹤泉"三字。

三泉细流，汇为小潭，名曰"镜池"，俗称"功德池"。池边原有"卓锡亭"，建于清乾隆年间。但是现在卓锡亭已毁，在其附近有一茶社，于内可以品茗。卓锡泉西侧岩壁，嵌有乾隆皇帝咏泉诗刻五方，其中一首《卓锡泉》诗，作于乾隆二十二年(1757年)，诗云："泉临卓锡一亭幽，万壑千岩景毕收。最喜东南缥缈处，澄公常共朗公游。"由于此处景色佳丽，环境优美，被列为灵岩八景之一。

5. 甘露泉

甘露泉位于灵岩寺大雄宝殿东北的灵岩山上，是灵岩寺诸泉中最为著名的一个，素有"灵岩第一泉"之称。历史上诸多文人骚客在此驻足，如元代的郝经，清代的施闰章、姚鼐、王培荀等都曾咏诗撰文赞美此泉。昔日，这里殿宇鳞次栉比，有达摩殿、五气朝元殿、观音殿等等。

甘露泉如今已经干涸

悬崖壁立，岩壁杂木丛生之间隐一石窦，小泉似露珠般泄出，叮咚作响，清冽甘美，故名"甘露泉"。寺中僧人便就地取材，在此泉打水煮茶做饭。池上建有红柱宝顶小亭，池旁还设石桌石凳，人们常于此博弈吟咏。夜深人静，寺内僧人也常于此说法论经。人称此处为"清凉境界"，被列为灵岩八景之一。乾隆皇帝曾在这里建行宫，并多次驾临，每次均有诗作留世，其中乾隆四十一年(1776年)《甘露泉》诗曰："石鳞淙泉清且冷，观澜每至小徜徉。设云此即是甘露，一滴曹溪谁果尝。"

如今，殿宇、亭台、行宫等建筑已荡然无存，唯有甘露泉尚存。今泉自崖下石缝流出，汇入长方形池内，清澈见底，绿藻漂动，终年不涸。盛水季节，水自池西壁石雕龙头口中泻出，沿溪奔流，声闻数里。池东侧崖壁上嵌"甘露泉"石刻，三字涂丹，为乾隆皇帝御笔。池壁上至今还保存有乾隆帝咏泉诗刻数方。泉池西侧十余米岩壁上，镶嵌着明朝嘉靖二十七年(1548年)山东巡抚彭黯所写的"活水源头"巨字刻石。

6. 袈裟泉

袈裟泉位于灵岩寺"转轮藏"庙堂遗址的东侧路南悬崖下。名列金《名泉碑》，称"独孤泉"。清康熙《灵岩志》载："昔有隐者姓独孤，结茅泉侧，后人以姓命泉

袈裟泉

灵岩寺

也。"明朝万历皇帝在位时，著名诗人刘天民之子刘亮采（号公严，万历二十年进士，性诙谐，工诗，善书画，通音律，曾著历城县志未就）就在灵岩寺隐居，在泉边建"面壁斋"，因厌恶"独孤"二字，便改名为"印泉"。"印"为佛家语，是印证功果之意。但此名传之未广，后人以泉旁立有一片被称为"铁袈裟"的铸铁块，取名为"袈裟泉"。

该泉水源旺盛，水质甜美，是灵岩风景区主要饮用水。泉源在岩洞中，洞口已被封闭。水自崖壁下的石隙流出，汇为一半圆形石池，尔后盘桓曲绕，经石雕龙口泻入一大水池中，池内锦鱼戏游。池周曲廊环绕，危崖峭立，丛木悬生。"铁袈裟"立于泉边，两物相伴，别有情趣。袈裟泉也是济南七十二名泉之一。

袈裟泉边立有一个铸铁造型

7. 檀抱泉

檀抱泉在寺院西南数里处的第三峪村东边，只因泉旁长有千年青檀树而得此名。该泉南面靠着大山，北面毗邻着村落，那千年青檀靠泉水滋润，这泉水又因千年青檀闻名，泉水旺涌，终年不息，村里老百姓还称此泉为东檀池、檀井，现在这处泉水是灵岩村民生产、生活的主要水源地。檀抱泉为济

袈裟泉景区

南七十二名泉之一。

8. 飞泉

飞泉位于灵岩寺崇兴桥南面约 0.5 公里处，北距白果园村 250 余米。由于从泉水从崖壁泄出，故称"飞泉"。又因水珠颗颗沿壁滑下，又把此处崖壁称为"滴水崖"。

9. 饮虎泉

饮虎泉位于灵岩山积翠证明龛西南，飞云浦北侧危崖下。泉水自岩壁缝隙淌下，积于椭圆形天然小石盆中，不见外溢。泉水流经之处的石壁挂满青苔，其旁镌刻着"饮虎池"三字。该泉在旱季会枯竭。

10. 上方泉

上方泉位于饮虎泉北约二十米处的同一个岩壁上。清《长清县志》和道光《济南府志》对该泉都有记载。泉水自石罅流出，积于在岩壁上凿成的方池中。泉上方岩壁勒"上方泉"三字，其上，松柏悬植。该泉在旱季会枯竭。

11. 黄龙泉

黄龙泉位于黄茅冈南侧的北溪中，又名黄龙池。清道光《长清县志》和《济南府志》对该泉都有记载。清《灵岩志》称"在寺西南里许"，方位、里程与今天的实际地址相符合。20世纪60年代在溪中筑石坝，蓄为小水库，于是黄龙泉便湮于水库之中。如今，库水碧透，四周翠柏掩映，景色十分幽雅，也是游览观光的一个好去处。

12. 卧象泉

卧象泉位于黄茅冈北溪的南侧河崖下，据清《灵岩志》所载："（卧象泉）在黄龙泉西南数十步。"清道光《长清县志》和《济南府志》对该泉都有记载。泉水自石隙中流出，汇入溪水。昔日，泉旁岩石上刻有"卧象泉"三字。同黄龙泉一样，20世纪60年代被改建成水库后，卧象泉便被湮于库中。

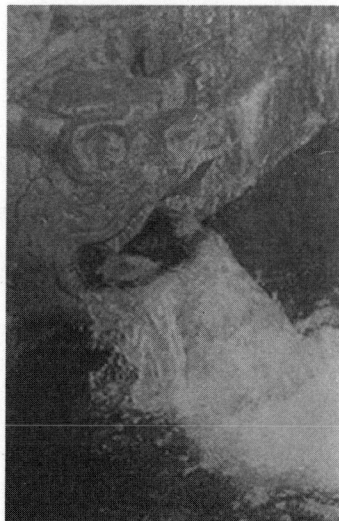

赏泉观景，怡然自得

灵岩寺的自然景观

十里松

其泉源在今天石坝以东的二三米处。

13. 黄牛泉

黄牛泉位于灵岩寺檀园宾馆西南约三十米处，俗称"黄牛池"。泉水自岩隙中流出，汇成自然水池，曾经是附近居民的饮用水，使用自来水后，逐渐被废置。如今淤塞严重，但池形尚存，雨季仍有积水。

14. 朗公泉

朗公泉位于灵岩寺东灵辟峰朗公石下。清道光《长清县志》和《济南府志》对该泉都有记载。现已干涸。

（四）灵岩寺的古树名木

灵岩的树木漫山遍野，为灵岩披绿，为古寺增辉。在灵岩的景点中也有许多处与树有关。

1. 十里松

自黄茅冈向东走不远，穿过一片越来越茂盛的小树林，即可到十里松。十里松，是指灵岩胜境坊至灵岩寺沿途连亘十里的古柏，尽头为十里松桥。桥北崖壁上嵌"十里松"大字石刻，为明朝嘉靖七年，右副都御史胡缵宗（号可泉）所书。十里松蟠曲多姿，遮天蔽日，沿路前行，林荫如盖，苍翠欲滴，路边陡崖上有古柏古檀，叶茂枝盛。前人有诗赞曰："十里灵岩翠路荫，当时登陟到云林。山拥精蓝多胜概，松含清籁少繁音。"想来这些近千年的古树该已悟透了从这千年古刹里传出的佛经了吧？

2. 摩顶松

摩顶松，在灵岩寺大雄宝殿西北隅。四周砌以石栏，旁嵌明朝嘉靖年间山东巡按监察御史张鹏所题"珠树莲台""名山胜水"大字石刻，以及乾隆皇帝御书"摩顶松"字碑和御制图诗碑。清康熙《灵岩志》对此松早有记载："大可数围，内空外窍，老杆尽枯，孙枝独茂，翠色欲滴，苍古可爱，真不老物也。"僧人将玄奘的传说附会到本寺，称当年大唐玄奘去西天取经，临行时，手摩

摩顶松

灵岩寺的自然景观

摩顶松

此松顶曰："吾西去求佛，汝枝西长；归时，东向，使吾门弟子知之。"玄奘走后，树枝年年西指，一年忽东指，弟子西迎，玄奘果然归来，得佛经六百部。

至于把柏树称为松的原因，还有一段缘故，古人颇为迷信，认为"柏"与"悲"谐音，因为忌讳"悲"字所改，后来有人在此树西侧栽了柿子树，取"百（柏）事（柿）如意"的谐语，"柏"又转为"百"字。以此吉祥语，向世人祝福。且不论是吉利还是不吉利，如今这柿树长得青葱秀丽，与苍劲古柏相映成趣，已被列为"灵岩八景"之一。

3. 汉柏

在千佛殿东侧，有一株高大的柏树，那就是汉柏。为什么叫"汉柏"呢？这里还有一段传说。相传汉文帝有天晚上梦见灵岩寺庙左边有一株千年柏树，就命大臣邓通查看，邓通看后，见有一株刚发芽的小柏树，就如实回禀，汉文帝对天而誓说："愿此树与山并传不朽。"此则传说显然是后人附会之作，因为灵岩寺建于汉文帝之后几百年，但现此柏茂盛葱郁，青翠不老，似也可用它来祝愿

摩顶松

灵岩寺的自然景观

岩石上生长的松柏

灵岩寺万世不朽，明朝万历皇帝年间，长清县令王之士有纪，碑在其下。

4. 鸳鸯檀

檀木是名贵的树木，用途广泛。青檀是一种落叶乔木，一般高达 20 米，胸径 1 米余。树皮薄片状剥落。主要分布在我国黄河流域以南。常生于石灰岩低山区及河流、溪谷岸边。性喜光，稍耐阴。耐寒，对土壤要求不严，耐干旱瘠薄，亦耐湿。喜石灰岩山地。根系发达，萌芽力强，寿命长。

在灵岩寺有两株长得非常奇特的檀树，叫做"鸳鸯檀"。所谓"鸳鸯檀"就是两

鸳鸯檀

株胸径分别为 1.84 米和 2.2 米的青檀树。这两棵千年檀，根部交织在一起，枝叶相吻相伴，南檀粗犷，北檀奇巧。虽树心镂空，依然情笃意深，像是一对经历过风风雨雨的情侣，默默相对，都想用自己偌大的枝干，为对方支撑起一片广阔的天空。所以人们便喜欢叫它们"鸳鸯檀"，成为情侣们连心定情的留影宝地。据说，凡在此留有合影的夫妻，无不亲密缠绵似鸳鸯，忠贞不渝如青檀。

据有关资料介绍，我国用青檀树皮造纸已有一千五百多年的历史。用这种原料造出的纸，细致绵韧，光洁如玉，纹理纯净，墨韵清晰；色泽耐久，吸水力强，搓揉无损，

龙凤檀

不蛀不腐，经久不变，享有"寿千年"之美誉，故又名"千年檀"。

5. 龙凤檀

在御书阁阁基的上方，有一檀树，盘根错节，若卷云升腾，似龙凤飞舞。俗称"云檀"，又称"凤檀"。在此檀的东面峭壁上还生出一棵檀树，因形似蛟龙而谓之"龙檀"。故而两檀合称"龙凤檀"，有龙凤呈祥之说。两株檀树已有千年树龄，属青檀，是稀有树种之一。

四 灵岩寺的人文景观

云檀古树盘根错节，若卷云升腾，似彩凤飞舞

素有"灵岩奇异出尘寰，压尽江南万重山"美誉的灵岩寺不但自然风光壮丽秀美，而且还蕴含了丰富的人文景观，不但历代文人墨客趋之若鹜，就是历代皇帝去泰山封禅也喜欢驻跸此地。公元665年唐高宗和武则天到泰山封禅，曾在这里逗留10天之久。清乾隆皇帝曾经9次驻跸灵岩寺，留下一百多篇诗文。另外，自宋神宗熙宁三年至明代，灵岩寺的住持一律由皇帝钦定，可见其地位之高、名声之大。唐朝名相李吉甫把灵岩寺与浙江天台国清寺、南京栖霞寺和江陵玉泉寺并称域内四绝，灵岩寺位列其首。

（一）灵岩寺的桥

灵岩寺山泉、水流众多，于是便形成了一个独特的桥文化。灵岩寺的桥个个都不相同、都有特点，为灵岩寺的风光增色不少。

1. 崇兴桥

崇兴桥，又称崇福桥，是进入灵岩寺景区后跨过的第一座桥。该桥是由灵岩寺高僧仁钦于宋大观二年（1108年）所创建，后被山洪冲毁，明嘉靖十五年（1536年）重修，其后，更名为"通灵桥"。桥长41.6米，宽8米，高16米，是传统的石拱桥。桥下砌一个大券拱，用若干弧形方石拼砌而成，拱下巨石垒砌支撑，桥面两端较宽，中部略窄略

灵岩峭壁

灵岩寺的人文景观

俯敏灵岩寺全景

鼓，给人以曲线美，设计科学，工艺精妙。

桥北侧并立宋明两块石碑。宋碑（又称大观碑）阳镌仁钦禅师修建崇兴桥记，王高篆额，碑文是北宋著名画家郭熙之子、知名学者、画家郭思所撰，他的儿子郭升卿书写，碑记字体颇仿兰亭笔法，是灵岩寺名碑之一。明碑是重修通灵桥记碑。

2. 对松桥

在灵岩寺停车场的东北侧，有一单孔曲拱石桥，桥头有一对松树翘首以待，其状极其诚恳憨厚，因其远望如搭松门，故称对松桥。这桥是古代僧侣远迎来客的地

灵岩寺的殿阁楼台

方。在此桥上，可眺望灵岩寺周遭群峰争秀，可俯听山谷中溪流低吟，另有一番意境，更增添了游人寻幽探胜的兴致。

（二）灵岩寺的殿阁楼台

灵岩寺历来是佛教圣地，也是帝王将相祭山封禅之地，所以便造就了这里鳞次栉比、风格多样的建筑，它们形成了灵岩寺最独特的人文风光，是灵岩寺旅游观光最重要的部分。

1. 金刚殿

金刚殿是灵岩寺的山门，面阔三间，进深二间，单檐硬山式屋顶，约始建于元代，现为清代遗物。

金刚殿里面有护法金刚，俗称"哼哈二

在天王殿东侧，有几块重要的碑刻

将"，根据古代的神话传说，这"哼哈二将"出自盆胎（卵生），卵壳分为二，创造了天和地。"哼"为婆罗贺摩，婆罗门教、印度教的创造之神。"哈"为释迦提桓因陀罗，"释迦"是姓，"提桓"意为天，"因陀罗"意为帝，合称"天帝"。"哼""哈"后来被佛教吸收为护法神，塑在山门里，守护佛法寺院的安全。

2. 天王殿

天王殿也叫二山门，因殿内塑有护法四天王而得名，该殿面阔三间，进深三间，单檐硬山顶，约创建于金末元初，现存为明代建筑。

据印度佛教传说，须弥山腰有一山叫犍陀罗山，此山有四峰，每座山峰都有一护法天王居住，各保护一方天下，所以叫"四大天王"。殿东侧塑的是持宝剑的增长天王和持琵琶的持国天王，西面塑着持伞的多闻天王和手绕一龙的广目天王。根据四天王手中所持法器有"风、调、雨、顺"的意思。殿中间还塑有坐北朝南笑口常开的胖弥勒佛，弥勒佛后塑有韦陀像。笑口弥勒佛本是五代时名叫契此的一个和尚，因传说是弥勒的化身，所以后人塑像作为弥勒供奉。

在天王殿的东侧，有几块灵岩寺重要的碑刻。

一是《唐垂拱造塔记碑》。此碑刻于唐垂拱（垂拱是中国唯一的一个女皇帝武则天的年号）四年（688年），该碑是灵岩寺现存年代最早的碑刻。此碑记载所造之塔，已无从考证，但根据唐时寺院的布局，应该在唐时寺院的中轴线上，现今的千佛殿正前。

二是《灵岩寺敕牒碑》。此碑立于宋熙宁三年（1070年），额题为"敕赐十方灵岩寺碑"。由碑文可知，熙宁三年敕赐灵岩寺为十方禅寺，为确定行祥为灵岩寺住持一事，涉及到齐州、京东路转运司、开封府、左右街僧录司和中书省，还要写保明状，并由皇帝"圣旨钦定"。此足可见当时的朝廷对灵

斑驳的碑刻

圣旨碑

岩寺管理之严格。

三是《灵岩寺田园记碑》。此碑立于金明昌六年（1195年），额篆"灵岩寺田园记"，为党怀英所写。

四是元圣旨碑，立于元代元贞元年（1295年）是元成宗下诏确立灵岩寺桂庵长老为灵岩住持及对寺庙财产的相关规定。

五是《元国师法旨碑》立于元代至正元年（1341年）是元顺帝颁诏并立的。碑文内容也是保护灵岩寺财产的规定。额篆"大元国师法旨"，碑阳上层刻藏文十二列，字如钩丝，下层刻汉文，藏文和汉文同刻一碑，这在内地是罕见的。

通过以上碑可知，灵岩寺寺界东至棋马岭，南至明孔山，西至鸡鸣山，北至神宝寺。寺境东西二十里，南北十里。由于历代帝王利用佛教为其统治服务，对灵岩寺的保护和税收均有敕赐。如宋代"免服差役，止纳税粮"。金、元、明各代均免税和徭役，并明文规定："寺户籽粒全为供奉香、烛之用，官定瞻寺地三十五顷。"灵岩寺因此拥有众多的田产，附近六律庄、灵岩村、小寺、野老庄的农家均属寺院的佃户。

3. 钟鼓楼

天王殿北面院落两侧的钟鼓二楼，平面方形，单檐歇山顶，是政和四年（1114年）至金皇统元年(1141年)间，由妙空和尚营建，后代不断重修，现存为清代遗物。

鼓楼内置鼓，而钟、鼓都是佛教法器。凡住持上堂、小参、普法、入室都要击鼓。大钟是寺院的号令，晓击则破长夜警睡眠、暮击则觉昏衢疏冥昧，僧众听到钟声就要上殿。钟楼内悬挂的铜钟重2500公斤，是正昂和尚于明正德六年（1511年）主持铸造的。

天王殿北面院落两侧的钟鼓楼

大雄宝殿面阔五间，进深六间

4. 大雄宝殿

大雄宝殿一般是佛教寺院中的正殿。"大雄"为佛的德号，意思是说佛有大力、能伏"四魔"（所谓"四魔"分别是五阴魔、烦恼魔、死魔、天子魔）。《法华经·踊出品》中有"善哉善哉，大雄世尊"的语句。殿内塑有释迦牟尼佛像和菩萨像，是寺中僧人进行佛教活动的主要场所。

大雄宝殿面阔五间，进深六间，前面是外廊式卷棚，后面是硬山顶，构成勾连搭，前有月台。宋政和（1111—1114年）年间由灵岩寺僧人仁钦和尚创建，本为献殿，是已倾圮的五花殿的前堂。明正德（1506—1521年）年间鲁藩捐塑三大士像（已毁）于内，改为大雄宝殿。现存为清代建筑，但仍沿用宋代覆莲柱础和浅刻流畅的八角柱。殿前有参天古柏，合围银杏，都是千年古树，至今仍苍翠茂盛。

5. 五花殿遗址

五花殿遗址，又名五花阁，坐落于大雄宝殿以北。五花殿始建于宋景祐（1034—1038年）年间，由琼环长老创建，明清时重修，都毁于火灾。据《灵岩志》记载："阁架两层龟首四出，备极精工，前人称为天

千佛殿

下第一。"

五花殿全为石料砌筑，上祀三大士：中为观音大士、左为文殊菩萨、右为普贤菩萨，下祀圆通菩萨。四面各五间，各辟一门洞，有回廊围绕，现存八棱石柱及复莲柱础，为宋代遗物。

6. 千佛殿

千佛殿因其殿内供养千佛而得名，它是灵岩寺的主体建筑，也是寺内保存最完好的一座古建筑。此殿始建于唐太宗李世民在位期间（627—649年），宋明两代都对其重修，现存的千佛殿为明代木结构建筑。

千佛殿建于高大的台基之上，面阔七间，

进深四间，单檐庑殿顶，举折平缓，出檐深远。檐下置疏朗宏大的斗拱，错落美观，木棱彩绘华丽，檐角长伸高耸，大有展翅欲飞的雄姿。前檐八根石柱，柱础雕刻有龙、凤、花、叶、水波及莲瓣、宝装荷花等纹样，雕工精美，匠心独具。

殿内正中塑有通体贴金的"三身佛"：中为"法身"，指佛先天具有的佛法体现于自身，名为毗卢遮那佛，宋治平二年（1065年）从钱塘运至灵岩；东侧为"报身"，名卢舍那佛，为明成化十三年（1477年）用2500公斤铜铸成；西为"应身"，名释迦牟尼佛，也为铜质，明嘉靖二十三年（1544年）铸造。佛像皆结跏趺坐，体态雍容，眉骨高凸，目光凝重，仪容端庄，衣纹流畅，服饰简洁，具有强烈的艺术感染力。

千佛殿最值得称道的是四十尊彩色泥塑罗汉像。这些比真人稍大的罗汉身上的妆銮都用朱砂红、黄丹、雄黄、石绿、大青、天蓝、茄皮紫等矿物质颜料涂饰，不易褪色。它们都坐于80厘米高的砖砌束腰座上，罗汉头顶距座面高度在105至110厘米之间。古代艺术家们在塑造这些罗汉形象时，侧重于写实，保持一定的世俗气息和现实生

释迦牟尼佛像

千佛殿内各具神态的彩色泥塑罗汉

活情趣，以形写神，以神表情，以情现心，
体现出每尊罗汉个性与特点，重点刻画罗汉
的内心世界，使之真实、生动，接近生活。
观其动态，或端恭、或拄杖、或合掌、或趺坐、
或口讲手指、或侧耳细听，无不准确生动。
察其神情，有的勇猛、愠怒，有的老成，和
善，有的据理力争，有的闭眸默思，有的笑
容可掬，有的俯首低吟，有的纵目远眺，无
不细致入微。看其气质，有的清姿秀骨，有
的寒碜潦倒，有的雍容华贵，无不形象传神，
真是栩栩如生，呼之欲动。这种塑造佛像的
方式打破传统佛教造像模式，在全国都很少
见，具有特殊的历史价值。此外，这些佛像

灵岩寺的人文景观

佛殿内最为观光者和专家称道的是
四十尊彩色泥塑罗汉像

的衣饰线条直曲、虚实与起伏，动作瞬间的衣褶变化，织物的质感，表现准确而真实。1982年，在对这些塑像进行维修时还发现，这些彩塑罗汉还像人体一样有腹腔，此外还有五铢钱、开元通宝和宋代以前的铜钱、墨书题记等文物。最为绝妙的是，在其中一尊罗汉体腔内装着一副完整的丝质内脏。这副内脏用丝绸包裹着棉花做成：红色的心脏，粉红色的两肺、肝脏，白色的胃肠……这不仅让我们惊叹宋人对解剖学的认识，更体味到了工匠们对罗汉的理解，和塑造时诚挚的敬仰之情。

灵岩寺

殿内塑像以现实人物为基础，多是高僧祖师。东侧第一尊是东土初达摩尊者。菩提，俗称达摩。他来到中国后入嵩山少林寺面壁十年，终于得到禅定静虑，消除杂念，顿悟成佛的方法，是为禅学。达摩来到中国，是禅法在中国开始广泛传播的肇始。因此，达摩被称为中国佛教禅宗的始祖，少林寺便自然而然成为佛教禅宗的祖庭。到了唐代，也就是禅宗六祖慧能时期，禅宗已成为中国佛教中势力最大、最富生机的一支了。

东第十四尊是鸠摩罗什。后秦僧人，中国四大译经家（鸠摩罗什、真谛、玄奘、义净）之一。其父籍天竺，生于西域龟兹国（今

千佛殿内罗汉表情不一，姿态各异

灵岩寺的人文景观

千佛殿彩塑罗汉

新疆库车一带）。七岁随母出家，初学小乘，后改大乘，博读大小乘经论，名闻西域诸国。"每至讲说，诸王长跪高座之侧，令什践其膝以登焉。"前秦灭龟兹后，鸠摩罗什到凉州。后秦弘始三年（401年）姚兴派人将其迎至长安（今西安），待以国师礼。他到长安后，八年内与弟子译出《大品般若经》《法华经》《金刚经》及《中论》《百论》《成实论》等经论十余部，影响很大，成为后世我国各佛教宗派的主要经典。

西第十七尊是太湖慧可神光尊者。慧可是荥阳虎牢人，俗姓姬，原名光，后自改神光，菩提达摩四大弟子之一，在洛阳龙门的香山出家，之后周游听讲。北魏正光元年（520年）去少林寺访菩提达摩时，终夜立积雪中，至天明仍不许入室。乃以刀自断右臂，浸红身边积雪，表示道之至诚，达摩祖师见神光求道之心如此坚决，收为弟子，并改名慧可。死后，隋文帝赐谥"正宗普觉大师"。唐德宗赐谥"大祖禅师"。

西第十三尊是灵岩开山祖师朗公。朗公是京兆人，前秦皇始元年（351年）入泰山，与灵岩隐士张忠交好，常到灵岩说法，并创建灵岩寺。朗公德行端正，博学

罗汉雕塑保留了一定的世俗和生活情趣

渊通，颇受帝王赏识。前秦苻坚，东晋孝武帝，后燕慕容垂，南燕慕容德等，都和朗公有过书信往来并以厚礼馈赠。后卒于泰山，享年八十五岁。

　　西第七尊是天台醉菩提济颠和尚。济颠和尚，俗称济公，是寺庙罗汉中必不可少的人物，民间有关他的传说很多，大都是衣破、

灵岩寺的人文景观

鞋破、吃肉饮酒、举止癫狂的疯和尚，历史上确有其人，法号道济大师，浙江天台人，俗姓李，出家灵隐寺，拜慧远禅师为师，后移净慈寺。他不守戒律，与市井沉浮，但他为重建净慈寺，传播佛法，出了大力，世人称之为"神僧"。

西十一尊是摩诃罗老比丘，在此塑像体内剥离出一尊完整的铁质罗汉，腔体中空，双手抱拳，善跏趺坐，形象、动态与外层罗汉相同，头部模制，眼球嵌琉璃珠，局部尚存施彩痕迹。

四十罗汉却好似四十个凡人，有血有肉有悲有乐。平民化的艺术，拉近了人与

罗汉神情各有不同，栩栩如生，呼之欲动

佛的距离。四十位高僧、四十种不同的状态是人生百味的体现，代表着人生所能够饱尝的各种心情。这些塑像还十分注意对细节的刻画，甚至连血管脉络都清晰可见。其衣着装饰，与人物的性格特征也十分贴切和谐。

1912年，学者梁启超来此游览，赞誉千佛殿泥塑罗汉像为"海内第一名塑"，并亲笔写下了碑碣。艺术大师刘海粟来灵岩观后，挥笔写下"灵岩泥塑，天下第一，有血有肉，活灵活现"的赞语。1987年，贺敬之来灵岩参观千佛殿后写下了"传神何妨真画神，神来之笔为写人。灵岩四十罗汉像，个个唤起可谈心"的诗句。

"海内第一名塑"为梁启超留下的碑碣

灵岩寺的人文景观

7. 御书阁

　　御书阁在千佛殿东北侧。面阔三间，深二间，单檐歇山式屋顶，檐下置斗拱，单翘单昂。唐贞观年间由慧崇和尚创建，宋大观（1107—1110年）年间由仁钦和尚主持重修，现存为明代建筑。此阁曾供奉唐太宗和宋太宗、真宗、仁宗、徽宗等皇帝所赐的御书，后因兵乱被焚，只剩空阁。

　　御书阁阁基嵌有历代名人书法石刻。这些石刻风格各异，尤以宋代书法家蔡卞所书《圆通经》偈语碑及蔡安持的题诗墨迹为佳，其笔势飘逸，苍劲秀丽，为人赞许。

御书阁

灵岩寺

8. 般舟殿遗址

般舟殿经幢

般舟殿，梵语"般若"即汉语智慧的意思。"般舟"意思就是指佛法如智慧之舟，而能令人离迷途登彼岸。般舟殿遗址位于千佛殿北面，早年为山石所淹没，1995年才发掘出土。般舟殿遗址多为唐宋建筑遗存，现仅存有高大的台基，底部石砌部分为唐代遗迹，上部砖砌部分为宋代遗迹。从柱网布局看，般舟殿面阔五间，进深三间，殿内置有三尊佛像的佛台，两侧及后部砌有罗汉台，地面布石质柱础，有两座柱础饰龙凤花纹，纹饰华美，雕刻精湛。

唐天宝十二年（753年）雕造的"佛顶尊胜陀罗尼经"经幢，基座为方形，每面雕一巨型铺首，凝眉瞪眼，呲牙咧嘴，颇有神气。其上为圆形束腰莲座，在束腰部，刻有八面佛像，面部圆满，细目长眉，鼻翼丰肥，双目低垂，嘴角微翘，面容略带微笑。

唐大中十四年（860年）雕造的经幢，上层仰月，覆莲瓣之间的圆形束腰，有五个云头形壶门，内饰高浮雕，南向有一伎乐天，舒臂抬腿，翩翩起舞，东西两侧各雕一鹰身人首，双翼展开的羽人，一持排箫一持檀板。南北二画面为雄雌二龙，雄龙体形硕壮，身体自然蟠绞，头大独角，双目圆睁；雌龙头小腰细，形象柔和，两条龙刚柔相济，美妙绝伦。

唐开元二十三年(735年)建造的小石塔，塔身正面有精美浮雕，龛楣雕成火焰状壶门，龛门两侧雕二力士，门上方中间为一铺首，凝眉瞪目，獠牙外出，两爪屈伸做捕捉状；其上二龙首兽，身体相交，回首对视；两上角为相向的双鹤，两下角有手托宝珠的二飞天。画面结构严谨，布局得当，刀法利健雄浑，颇似历城柳埠龙虎塔的浮雕，故有"小龙虎塔"之称。

般舟殿遗址

灵岩寺的人文景观

般舟殿东侧墙壁上有苏辙题咏灵岩寺的石碑

般舟殿原为寺内主要建筑之一，始建于唐代，宋、元、明、清皆曾重修，但都毁废。此处四周群山环抱，苍柏叠翠，环境甚佳。有诗赞曰："般舟古殿最先风，运载含灵不可穷。生死海中波涛险，莫教沉溺失前功。"在般舟殿遗址东侧墙壁上，嵌有宋代文学家、诗人苏辙题咏灵岩的诗碑。

9.积翠证盟殿

识翠证盟殿建于方山之巅，又称"证明功德龛"，俗称红门。是一座石窟，开凿于唐代，石窟平面呈椭圆形，中间雕凿有释迦牟尼佛像，像高约五米，左右两侧

积翠政盟殿俗称红门，是一座石窟

为二菩萨、二弟子、二狮，共七躯雕像。主像为圆雕，结跏趺坐于高大石台上，身着通肩式袈裟，长颈，面部丰腴，两耳垂肩，高鼻大眼，手施说法印，形体硕壮，神情庄严。观音、地藏立侍主佛两侧，脚踩莲花裸露上身，胸佩璎珞，两弟子为迦叶和阿难，双狮为蹲坐式，双目凝视。

殿上为陡崖，因夏季多雨，长满苔藓，故称"积翠岩"。远远望去，绝壁如削，红色的证盟殿，犹如挂在翠绿的陡壁上，极为壮观。故有"灵山削出玉芙蓉，绝胜江南天印峰"的赞语。

（三）灵岩寺的塔

灵岩寺是千年佛寺，作为一个佛教圣地，

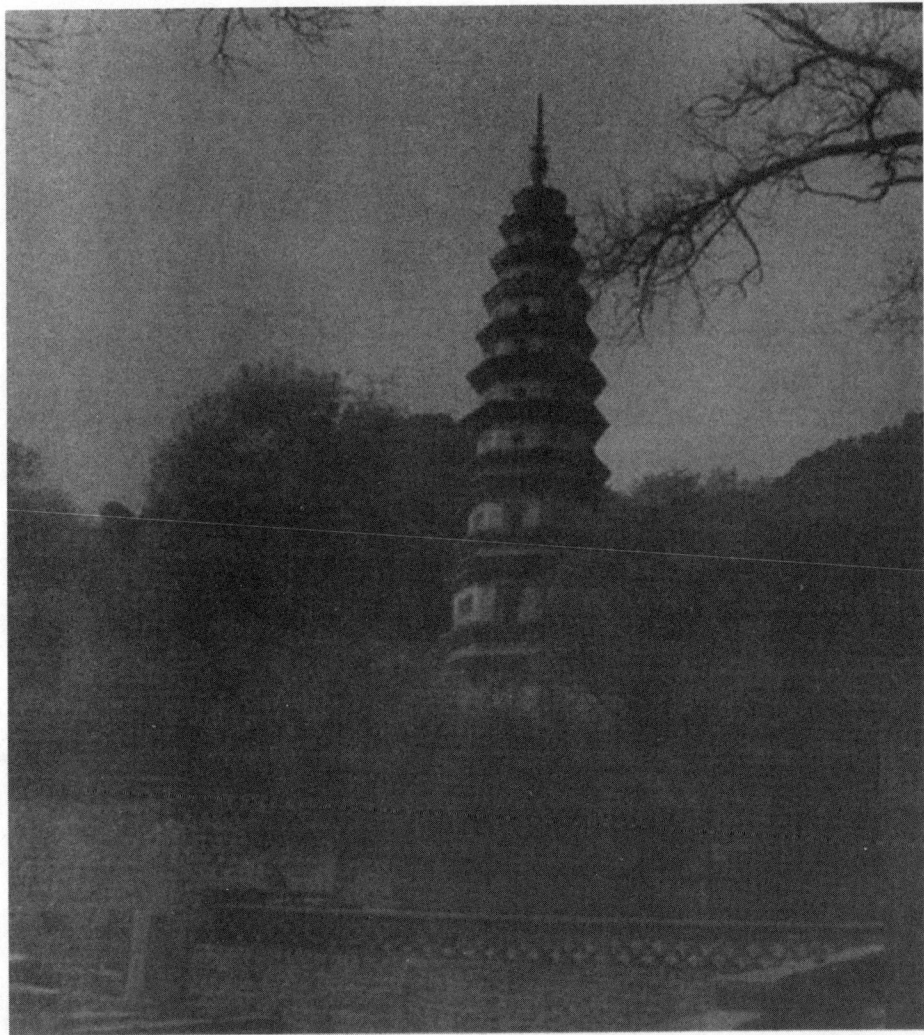

辟支塔是灵岩寺的标志性建筑

肯定就会有佛塔和塔林。灵岩寺的塔独具一格，非常具有观赏性。

1. 辟支塔

辟支塔是灵岩寺标志性的建筑，坐落于千佛殿的西北角。"辟支"语出佛教，音译为"辟支迦佛陀"，简称"辟支佛"。

故而，辟支塔，也就是辟支佛塔。很多佛寺多有佛塔建筑，这是因为佛教的起源地印度多有建塔以藏舍利子和经书的习惯。在印度，佛塔被称作"堵波"或"浮屠"。

辟支塔

辟支塔是一座密檐楼阁式砖塔，八角九层，于宋淳化五年（994年）始建，历时63年，于嘉祐二年（1057年）竣工，其工程之浩大，结构之复杂，不言而喻。塔高55.7米，塔基为石筑八角，上有浮雕，镌刻着古印度孔雀王朝阿育王皈依佛门等故事。

塔身为青砖砌就，下三层为双檐，塔檐与塔径自下而上逐层递减，收分得体。塔内一至四层设塔心，内辟券洞，砌有台阶，可拾级而上。自第五层以上砌为实体，登塔须沿塔壁外腰檐左转90度进入上层门洞。塔身上下不一。由覆体露盘、相轮、宝盖、圆光、仰月、宝珠组成。自宝盖下垂八根铁链，由第九层塔檐角上的八尊铁质金刚承接，在塔内延续到地下，起避雷作用。辟支塔造型匀称，比例适度，精细壮观，雄伟挺拔，宋代大文学家曾巩曾形象地描绘道："法定禅房临峭谷，辟支灵塔冠层峦。"明代王重儒亦作诗赞道："宝塔巍峨震地灵，摩云剑阁映高屏，应经炼石女娲手，玉柱擎天碧海青。"

辟支塔塔基为石筑八角，上有浮雕

辟支塔基原装饰着四十幅浮雕，现存三十七幅。浮雕内容，颇具深意艺术，观赏价值很高。辟支塔基浮雕，反映了阿育王的政治生涯及其皈依佛门的故事。

要明白为什么雕刻这段故事，我们就有必要了解一下佛教在印度的发展史。佛教起源于公元前5世纪的印度，由迦毗罗卫国的太子乔达摩·悉达多创立。但在婆罗门教统治多年的古印度，佛教显得微不足道。公元前3世纪初，旃陀罗笈多以华氏城为首都，创立了孔雀王朝，成为印度历史上第一个统一的王朝。旃陀罗笈多之孙，孔雀王朝第三世国王阿育王推崇佛教，立佛教为国教，在他统领的邦国中，颁赐舍利建立佛塔，并派僧团向周边国家和地区传教，佛教迅速传播开来。这个阶段，阿育王实施仁政，国泰民安，成为孔雀王朝极盛时期。故而被佛教尊为其发展和壮大的起点，也是佛教的盛世。

　　浮雕虽然表现的是古印度的佛教传说，但形象构图和雕刻手法，皆为我国传统的模式，构图紧凑严谨，在程式化中又有突破。先简单介绍其中比较精彩的几幅浮雕。

辟支塔塔基现存 37 幅浮雕

浮雕内容颇具深意，为学术界所关注

孔雀盛世

阿育王统治初期，社会平安富足，文艺发展蓬勃，每年都有数次例行的艺人表演，规模宏大，热闹非凡。人民耕种渔猎，生活美满，乐在其中。

无忧树的悲剧

阿育王虽勤于国政，雄才大略，但性情暴躁，独断专行，不容异己。有一天，他在妃嫔的簇拥下，走进宫外的树林里，看到几棵花繁叶茂的无忧树，这种树在当时的印度语中名字也叫"阿育"，与他同名。于是，阿育王对树木大加赞赏，妃嫔里有几个曾经侍奉过他的兄长西摩王子，由于经常受到阿育王的斥责，早就怀恨在心。当阿育王离开后，她们立即将无忧树的树枝折断，以示报复。阿育王知道后大怒，认为是反叛国王的行为，都处以死刑，有很多人在这次悲剧中丧生。

地狱中的莲花

阿育王自幼狂暴，即位之初依然如此，不但听信谗言大造人间地狱，对无辜平民施以酷刑，而且还以屠戮大臣和妇女为乐。有一次，云游沙门沙姆达拉误入人称"地狱"的监狱，凶恶的居利长将他扔进油锅中，在将接触油面的刹那间，从油锅中浮出一朵莲花，将沙姆达拉浮托起来。狱吏告知阿育王，阿育王不信，亲临观看，见果真如此，就将沙姆达拉请进宫中，待之以礼，听讲佛法。

莲花佛座

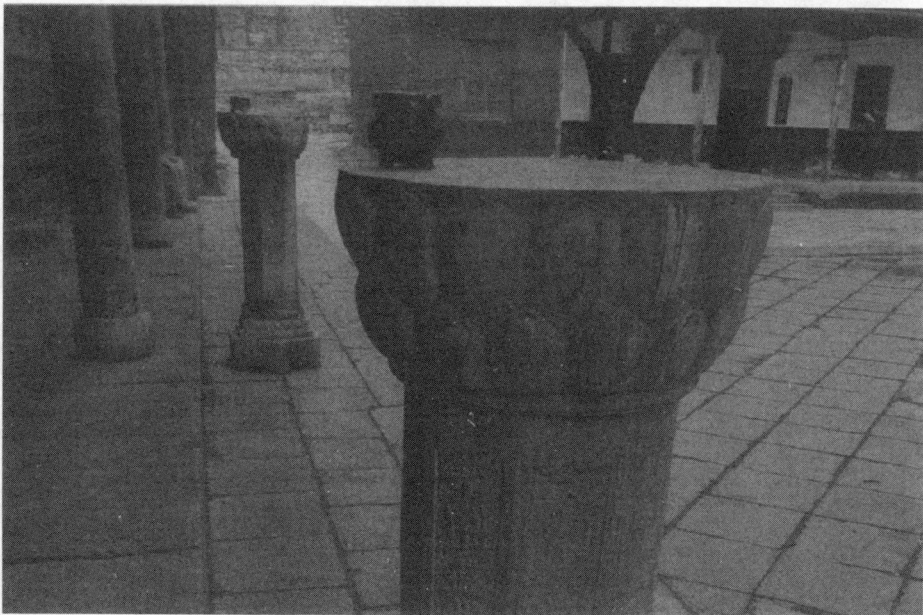

灵岩寺的人文景观

071

沙姆达拉规劝阿育王，在统领的八万四千个邦国中建造佛塔，阿育王开始认识佛教，最后皈依佛门，归于正法。

战斗与觉悟

在印度东南方、孟加拉湾以南的羯陵伽王国，是在孔雀王朝第一世国王旃陀罗笈多用武力统一印度半岛时，唯一没有被征服的独立王国。阿育王登基后发誓要发动统一整个印度的战争，攻下羯陵伽王国。于是，在他即位的第九年（前259年）便发动了入侵羯陵伽国的大规模战争。军队如天上的乌云，压覆两国边境。战争很残酷，双方死伤甚多，阿育王的军队杀死十万人，

珠树莲台

灵岩寺

辟支塔气势雄伟、造型美观

俘获十五万。胜利凯旋的将士，大多肢体伤残，到处寻医，呻吟之声不绝于耳。面对战争的残酷场面，阿育王深感罪孽深重，内疚不已。有一天，他突然觉悟，连忙去拜访麻摩搭那凯大长老，并得到长老的开示，下决心要减轻自己的罪恶，全心履行佛教正法，按照佛陀的教化，实行仁政、治理国家。

分赐舍利

阿育王想起两年前沙姆达拉在监狱中提出广建佛塔的建议，决定在统领的八万四千个邦国中各建一座佛塔。于是拜谒了鸡园寺的耶舍长老，请求开示。阿育王取出以前埋藏的全部舍利，下诏造八万四千宝箧，一箧盛一舍利，又造八万四千宝瓮，八万四千

灵岩寺的人文景观

辟支塔

宝盖，八万四千匹彩，命各国修建大寺，营建安置舍利的宝塔，将舍利分赐给各国。

耶舍定月

阿育王要造八万四千佛塔，他很想一夜之间完成，于是请鸡园寺上座僧耶舍长老，将月亮固定在天上七个昼夜，工匠们不停地铸造，天亮时铸造完毕，形式上一夜间完成，实际上是七天七夜才完成的。

阿育王施土

阿育王在完成建塔工程后，便率领文武百官去拜谒鸡园寺的耶舍长老。在叙述了建塔经过之后，耶舍拿出史传，向阿育

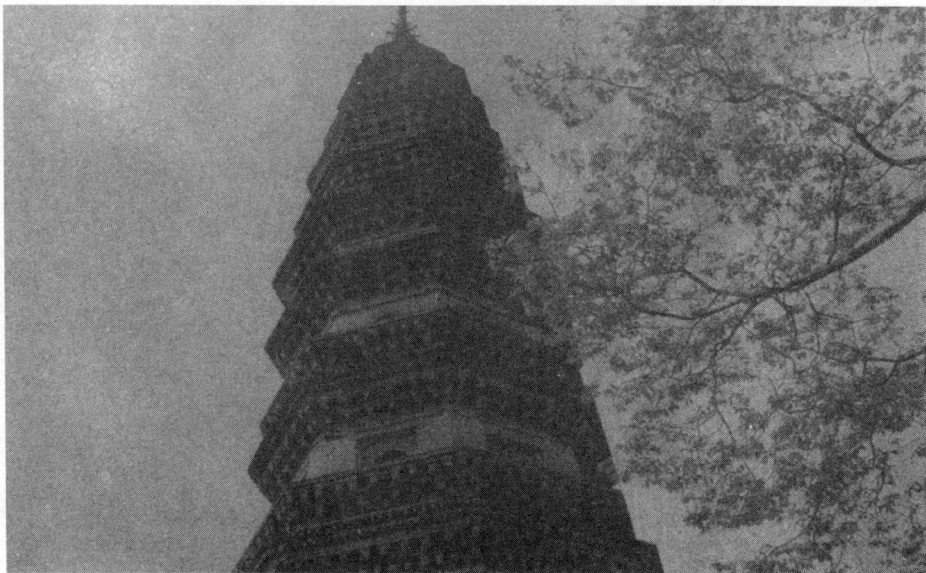
辟支塔

王展示里面记载的一个故事：有一天，释迦牟尼与僧侣阿难等人一行出王舍城，遇到两个玩童玩沙土，一个叫德胜，一个叫无胜，二童见到佛陀一行，德胜立即手捧沙土献给释尊，并说："我以泥沙供养佛陀。"无胜童子也合掌礼拜。佛陀连忙用钵接取，并对周围的随从说："待我百年升天以后，这个孩童就转世姓孔雀，名叫阿育，会转生为国王，崇扬佛法，建立起八万四千佛塔，来供舍利。"

法会升幡

阿育王把每天的政务处理完毕，就去寺院或精舍修习佛法。不仅如此，他还每五年举办一次高僧大德云集的法会。有一次还不

到第五年，阿育王就迫不及待地将高僧们和罗汉请到首都华氏城应供。于是，法会举行了隆重的升幡仪式，并由乐队伴奏，场面庄严肃穆，极为壮观。

王子鸠那罗的遭遇

位于印度西北部的德叉尸罗地区，是一块战略要地。这里种族繁多，成分复杂，暴乱层出不穷。有一次暴乱，阿育王派他心爱的王子鸠那罗挂帅平叛，王子使用阿育王过去平抚这里的办法，撤换了地方的贪官污吏，安抚民心，恢复了安乐祥和的社会景象。但是，好景不长，由于王妃密夏拉基达的陷害，王子失去了双眼。经过长途的跋涉，衣衫褴褛的王子夫妇才回到京城，王宫城门的守护将士当然不相信如此穿着的人竟然是王子夫妇，于是就不让他们进宫，他们只好在宫外的马店里住下，后来阿育王得知，便把他们请进宫内。王子康复以后，德叉尸罗的人民拥戴他，再三派遣使者进京请愿，恳请阿育王让鸠那罗王子回德叉尸罗，担任当地藩王。

最后的半庵摩勒果

阿育王老年卧病在床，向寺院施舍的心却越来越强烈，不分白天黑夜，向鸡园寺和精舍赠送黄金，国库很快空虚了。有些大臣

大雄宝殿后面的辟支塔

祖师塔是灵岩寺第一代住持法定的
墓塔

们就劝太子三波地，严密把守库藏，让阿育王不能再从国库中拿取金银施舍给寺院。于是，阿育王没有了施舍的东西了，仅剩有半小屋摩勒果（芒果），阿育王既悲伤又恼怒，说："我阿育王实在是无能为力了，只有半小屋摩勒果归我支配。"他派遣侍臣将摩勒果施舍于鸡园寺，粉碎成末，做成汤羹，分给僧侣们喝。

2. 祖师塔

祖师塔是灵岩寺第一代住持法定的墓塔，位于塔林中央甬道的北端，其他墓塔均以此为中心。

此塔为青砖垒砌，有高大方形石质基座，单层重檐，两檐均为方形，一檐出挑叠涩十五层，内收九层，二檐八层。上置塔刹，塔刹有六棱底座。南辟拱式门，内原置三佛像。塔的结构，出挑檐轮廓及出幽度与全国最早佛塔嵩岳寺塔相类同。

据塔林中元至正元年（1335年）《明德大师贞公塔铭》碑文载："塑观音两堂，以严千佛、般舟二殿，次改祖茔，更石像而改塑法定大祖师一龛及待者二。"而今，塔龛中置三像者唯有祖师塔，所以塔铭中指的是这座塔，这也为祖师塔世传为法定大师的墓塔找到了依据。根据塔的结构及法定生存的

祖师塔前的年轻僧侣

灵岩寺的人文景观

年代，此塔应为北魏晚期所建。

3. 墓塔林

从辟支塔往西走不远，便是墓塔林——灵岩寺历代高僧的墓地。塔林中有北魏、唐、宋、金、元、明遗物。现存墓塔 167 座，墓志铭石碑 81 块。规模可与嵩山少林寺的塔林相媲美，而与少林寺不同的是灵岩寺塔林是石塔，其石塔之多，在国内是首屈一指的。每座塔一般都由塔座、塔身、塔刹组成，塔座呈方形、圆形、八角形，一般都有浮雕装饰。塔身一般较高大，上刻僧人法名年号。塔刹则有相轮、复盆、仰月、宝珠、花卉、龙图等图案造型。一座墓塔

墓塔林堪称一座罕见的石刻艺术博物馆

墓塔林

旁通常还有一块墓碑，记载着高僧的经历，是研究佛教史的珍贵实物资料。

塔林中央为甬道，甬道北端为砖石结构的单层重檐式北魏祖师塔（法定墓塔），甬道两侧列峙群塔，均为全石结构，依塔身形制可分为：方碑形塔、钟形塔、鼓形塔、堵婆塔（喇嘛塔）、经幢式塔、亭阁式塔六种。

塔林，堪称一座罕见的石刻艺术博物馆。墓塔整体就是一座石雕，而塔座束腰的雕刻尤其讲究，雕刻着各种内容的艺术形象。有的雕刻着承重的力士，它们个个在重压下张着大嘴，面部扭曲，瞪圆双眼，眼珠似要迸出，四肢与腰背弯曲，全身的肌肉突起，给人以力量的感受及拼命托扶的艰难；有的雕着骑

在这些塔中，最早的是唐代和尚慧崇的墓塔

士跨着雄狮，手指曲棍击打彩球的打马球场面，古代称"击鞠"；有的雕有玩耍嬉闹的幼狮，有的雕有衣带飘逸、挥舞长绸起舞的场景。各幅浮雕布局合理，内容丰富，情趣尽致，是研究唐至明雕刻史的珍贵资料。

在塔林中，有一块与众不同的《息庵禅师道行碑记》石碑，是由日本僧人邵元和尚于元至正元年（1341 年）为灵岩寺第三十九代禅师自息庵撰写的墓碑，碑高 1.63 米，宽 0.74 米。

石门上雕有一个人推门而入，表示脱离尘世，进入极乐世界

邵元和尚号古源，日本越前州人。元泰定四年（1327年）来中国，时年33岁，在中国住了21年，先后参拜和游历了我国许多佛教圣地，到过天台山、天目山、金山寺、五台山、少林寺、灵岩寺及元大都（北京）等地。

息庵禅师（1283—1340年）俗姓李，名义让，世称让公。真定（河北保定）人，生前曾任少林寺第十五代住持，后来到灵岩寺任第三十九代住持，息庵任少林寺住持时，邵元和尚也在少林寺任过首座僧职，二人结下了深厚的友谊。息庵圆寂时，邵元和尚正在元大都游历，灵岩参学小师胜安找到邵元，请为息庵作记。邵元闻讯后，怀着悲痛的心

息庵禅师道行碑

情，挥笔写成《息庵禅师道行碑记》铭文。历述息庵生平，并极其热情地赞扬其功德修行。

此碑，记载着中日两国人民的友谊，是两国人民友好交往的珍贵实物资料，邵元在中国的事迹已被日本学者冢本靖介绍给日本人民。息庵碑的碑文拓片被日本学者常盘大定等人在报纸、书中加以宣传介绍。郭沫若1973年曾为此题诗一首："息庵碑是邵元文，求法来唐不让仁。原作典型千万代，相师相学倍相亲。"

4. 慧崇塔

慧崇塔是高僧慧崇的墓塔，位于塔林的北上坡最高处，建于唐天宝年间（742—756年），塔高8.52米，平面呈方形。整个塔由塔墓座、塔身、塔顶三部分组成。塔身的东、南、西三面辟门，南面辟真门，可以进到塔内。东、西两面为半掩半开之石雕假门，假门门口刻一侍女像，似进似出。在东、南、西三面的门楣之上刻有火焰状半圆券浮雕。上刻有舞士、伎乐人及飞天等，形象逼真、技艺精湛。塔心为方形内室，以前祀有慧崇像，可惜现已不存。

慧崇塔

此塔有一千二百余年历史，古朴浑厚，还保留着六朝、隋代的一些艺术风格。塔石全部经过水磨，塔的宽高比为1:2，塔下为须弥座，塔上的塔刹逐渐收进，比例适中，做工细致，给人们一种俊美的感觉。塔身雕刻的门、侍女像，门楣上雕刻的狮子、舞士、伎乐人、飞天，塔刹雕刻的仰莲宝珠等皆高浮雕，这些雕刻刚劲有力，精致优美。

（四）灵岩寺的其他人文景观

1. 御碑崖

在灵岩寺山门外广场，大灵岩寺碑东面悬崖上，镌刻着乾隆皇帝撰书的八块御碑，

御碑崖

人称"御碑崖"。主要记载了乾隆皇帝出巡，九次来灵岩寺时留下的部分诗篇。喜欢古诗人的朋友们，大可在此驻足片刻，欣赏一下这位爱出游又爱作诗的皇帝的"御诗"。

2. 鲁班洞

鲁班洞位于大雄宝殿西侧。1995 年发

掘清理后发现，所谓"鲁班洞"实际是一座
石砌拱券式门洞，为早年寺院的山门。券洞
北端有七级石阶，阶上为平台，上有顶覆盖，
构成方室。辟有东、西、北三门，北门门楣
上雕刻着人面纹饰，门前两侧各立一座雕刻
古朴粗犷、挺胸蹲坐的雄狮，为早期石刻作
品。方室东西两门均有石阶可通顶部的山门
殿。从顶部殿堂遗址残存的柱网布局看，山
门殿内为面阔三间，进深三间的建筑，殿后
为一石拱桥，桥面中央刻有纵向排列的四朵
莲花，经专家推断，该遗址的建筑年代不晚
于隋代，它应是目前发现的时代最早的拱券
式门洞。

碑刻

灵岩寺的人文景观

青石台阶

洞内石壁上嵌有唐大宝元年（742年）大书法家李邕撰写的《灵岩寺碑颂并序》残碑，及唐、宋、明时期的题记，最早为唐景云二年（711年）所刻。《灵岩寺碑颂并序》立于唐天宝元年。残碑高190厘米，宽100厘米，厚45厘米，此碑于清乾隆年间不知所在，咸丰六年，何绍基访得时已断为两截，今下半部前九行文字已佚失，后十行铭文亦残近半，无法贯通文意。该碑书法豪迈奔放，是李邕的得意之作，价值极高，是碑刻中的珍品。

灵岩寺风光

3. 浓厚的地方特色

灵岩山明水秀，民风淳朴。每年的新春祈福、伴玩、庙会、乡间大集或传统佳节、农闲时节，是人们求祥、聚会、访亲、购物的好时机。每逢此时，人们喜气洋洋，新装在身，结伴而行，山间的小路上，有笑声，有歌声，更有丰收的喜悦，成为灵岩特有的一道道流淌的风景线。

五　灵岩寺的美丽传说

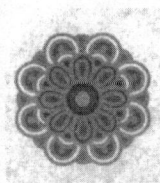

稀有古木为灵岩寺增添了几分神秘色彩

千年古刹灵岩寺，人杰地灵，积淀了众多美好的传说。有朗公说法石点头，山有灵犀，故称灵岩；有法定与三泉，造就明孔洞，引出"五步三泉"；有王干哥的叫声，传递着千古不朽的爱情故事；有砍不尽的柏树，歌颂着真善美，鞭挞了伪装与贪婪；有木鱼石的传说，向人们讲述着乾隆皇帝八次来灵岩留下的趣事与墨宝；还有鸡鸣山的传说，告诫人们抑恶扬善，遵纪守法，乃人生之正道。

（一）灵岩名字的由来

淝水大战时失败的皇帝苻坚，在他做皇帝的时候，从西安来了个高僧，名字叫侯祝法郎，他到了泰山一带，到处说法。

灵岩寺

相传在灵岩说法的时候，他说："听众千余人，共见岩石点头。"大家听他讲法都很惊奇，就起来质问他："岩石为什么点头？"他说："无足怪，山灵也。"意思是不要大惊小怪，这就是佛法感动了山灵。灵岩寺这个名字，就是这样来的。

（二）"五步三泉"的传说

相传，法定禅师由白虎驮经，青蛇引路，来到灵岩，转了多时，见无水，正犹豫时，忽有樵夫指点，说双鹤鸣处有泉，然后隐身不见。法定顺着樵夫所指的方向走去，两白鹤飞起的地方果然有两泉，法定便将锡杖插于地上休息，随之顺着锡杖又涌出一泉，这

钟声是寺院的号令，僧众听到钟声就要上殿

灵岩寺的美丽传说

六角塔座上的精美雕刻

就有了"双鹤""白鹤""卓锡"泉的称谓。三泉相临，俗称"五步三泉"。又相传，法定禅师建寺之时，苦于无水，便求教他的老师佛图澄。佛图澄领其至一处，以手指曰："下有甘泉。"法定禅师遂用锡杖直立捣去，果有甘泉汩汩涌流，故称其泉为"卓锡泉"，又名"锡杖泉"。

（三）棒槌鸟的传说

从前有两个人是把兄弟（王干哥、李五），亲娘生的叫李五。一日，兄弟俩放山时走迷了路，最后李五侥幸回来了。为娘

林荫古檀，枝繁叶茂

林荫古檀，枝繁叶茂

的一看亲儿子回来了，但王干哥未归，于心不忍，就催促李五再度进山找寻，结果两人终不得归，饿死于深山老林，变成了两只棒槌鸟。叫"王干哥"的鸟就是李五，叫"李五"的鸟就是王干哥。因为李五寻找王干哥心切，喊声颇频，而王干哥的回应则相对少。所以，现在放山人白天在山林中听到棒槌鸟发出"王干哥"叫声的居多，听起来声音格外清脆、寥远，而发出"李五"叫声的鸟就相对少，声音也很沉闷。只有放山人露宿森林在夜深人静之时，才能偶尔听到几声。

也许棒槌鸟是一种迁徙类的候鸟，在冬天的大山里是根本见不到这种鸟的，更听不到它的叫声了，因为他们早已飞到南方去了。只有在春暖花开，大森林里万木葱绿之时，大山深处才会响起棒槌鸟深情的呼唤。当然，并不是所有进入原始森林里的人都能听得到。

五花殿遗址

灵岩寺

关于摩顶松的来历有一个有趣的传说

棒槌鸟清脆、高亢、悠远的歌喉，使大森林充满了无限的灵光，年复一年给山里人带来的是美好的期冀和吉祥！

（五）玄奘与摩顶松的传说

五花殿西侧，有一千年古树，叫"摩顶松"。关于摩顶松的来历，有个很有趣的民间传说。相传，唐僧往西域取经，临行前，曾来灵岩，见寺内有一棵柏树甚为茂盛，玄奘法师摩其顶曰："吾西去，汝向西，若归即可东向。"唐僧西去后，树枝果然朝向西方，数年后，西指的树枝忽向东指，寺僧见之曰："吾师回矣，快迎之。"唐僧果然回来了，摩顶松由此得名。实际上玄奘和尚从

幽静的小路

未至此，此说只是附会而已。倒是稍晚于唐代的名僧义净，也曾赴印度取经，义净是齐州（今济南）人，在长清境内土窟寺出家，这个传说或许与这位"唐僧"有关吧，后人有诗赞曰："西岩禅宇肃，嘉树翠当门。林影亏仍蔽，涛声静亦喧。风霜披万叶，铁石拥孤根。老衲摩挲久，唐僧曲故存。"谓之青松，实为翠柏，因"柏""悲"同音，其意不祥，故改之。

（六）鸡鸣山的传说

在泰山灵岩附近有一座鸡鸣山，它的传说也很有趣。相传，有一伙贼人，每次偷了东西之后都先藏到山上，以后有机会时再运走。这一次，他们到了山上，就听有公鸡在鸣叫，以为天快亮了，便扔下偷到的东西，急急忙忙向山下跑去。等跑到山下一看，原来还不到半夜，就又回到山上去藏东西。可是，刚走到山上，鸡又叫了，他们只好赶快跑下山来，可是还没到天亮的时候。如此反复多次，贼人疲倦不堪，终被擒获。从此，人们就称此山为"鸡鸣山"。

仙人岩

灵岩寺的美丽传说

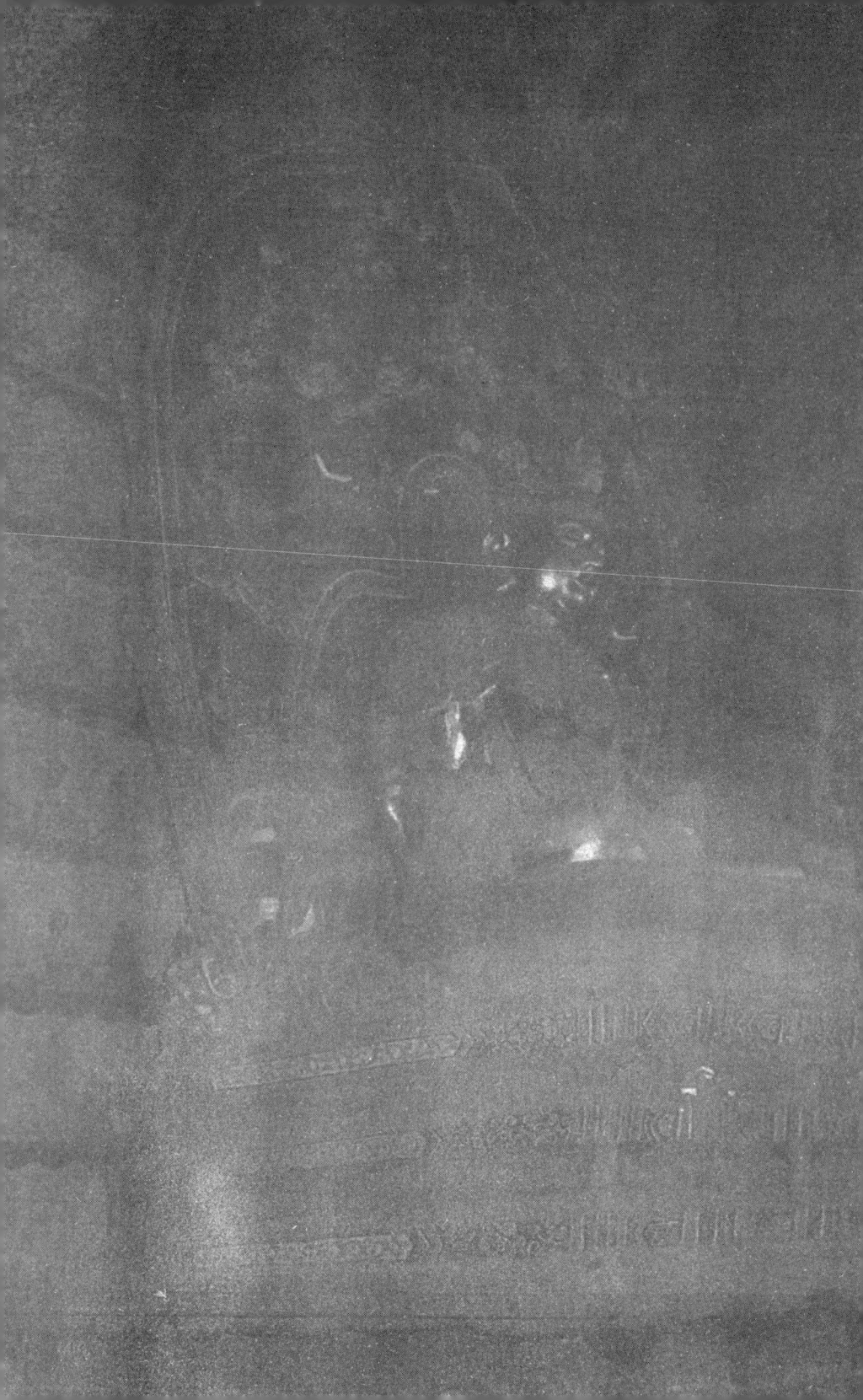

六　灵岩寺考古新发现

考古发掘的古代建筑遗址

2007年7月，由山东省考古研究所、济南市考古研究所、灵岩寺管委会、长清区文物管理所组成的灵岩寺联合考古队，在灵岩寺五花阁东侧进行了为期近20天的考古发掘，灵岩寺殿房遗址考古发掘取得了突破性进展。

（一）下层建筑是佛堂

发掘区被一条游山步道分成东西两区域。东面区域历史上曾经3次修建过房屋，由上向下分别发现有清代以及更早时期的建筑遗址，形成上中下3层。

其中，位于最下一层造在修整过的岩体上，当时建有3间木构建筑，至今遗留下一排4个石磉。根据石磉的位置等推测，

3 间房屋相互贯通没有隔墙，这种大空间房屋多用于公共建筑，因此它就是佛家殿堂。位于中间的第二层是清代建筑，建造时它覆盖了第一层建筑的基础，采用承重墙的方法建造。经过发掘，其完整的四合院落布局显现出来。最上面的第三层建筑为清晚期的，已经形成五开间的布局。专家推测，如果由上往下继续发掘，还会发现年代更远的建筑物遗址。

（二）弥补志书错误

在东侧遗址，还发现了一块金代所刻的石碑，碑文右侧是金代完颜祯写的辞赋《灵岩赋呈明远和尚》。值得一提的是，碑文的

袈裟泉

内容与清初马大相编著的《灵岩志》所收录的《灵岩赋呈明远和尚》有数处文字差异，从而纠正了志书中的抄写错误。该碑左侧有灵岩寺当时住持的一段题记，这在《灵岩志》中并无收录，因此弥补了一段史料。另外发现的一块残碑上刻有乾隆皇帝手书。根据有关史料，乾隆皇帝曾8次（也有专家认为是18次）来到灵岩寺小住，留下约一百二十首诗词。其中咏铁袈裟（灵岩寺内一处重要景观）的有5首。此次发现的《铁袈裟》一诗是其中的第4首。专家认为，该碑字体极为洒脱有力，属于乾隆书法中的精品。可惜碑体仅余上部一小部分。考古人员还发现一段石质经幢，经专家测定，该经幢为北宋遗物。

（三）谜团

7月22日，考古人员在遗址东区南侧发掘出一个由大石块铺砌成的池子。它长2.33米、南北宽1.58米、深约1米。乍看起来，很容易让人联想到是水池或者浴池。发现时，池内填满了碎砖石以及瓷器碎片等。此外，还发现一把铁质刀鞘。在水池旁边还发现动物遗骨。

作为佛家圣地，池子是做什么用的？刀鞘、动物骨头从何而来？灵岩寺监院觉映法师认为，根据佛家殿堂的布局习惯，位于东南部的建筑遗址应是厨房，由此推断，石池很可能就是一个储水池子。由于池中没有发现出水口，因此是浴池的可能性比较小。而在灵岩寺建成的一千六百多年间，灵岩寺一带经常驻有军队和武装力量。辛弃疾就曾率领数千人在此抗击金兵。因此，在灵岩寺遗址中出现一些冷兵器也就可以理解了。至于那堆动物遗骨，觉映法师分析不像是人吃后掩埋所致，"它看起来像是一具完整的动物遗骨"。但到底是安葬的动物，还是驻军宰杀后就地掩埋，还有待进一步发掘。

钟楼内悬挂的铜钟重 2500 千克

七 其他灵岩寺

鹿泉市灵岩寺

中国佛寺名刹不计其数，同名的佛寺也有很多，灵岩寺就是这样一个例子，不但山东有灵岩寺，四川、河北、江苏、浙江等省也有灵岩寺。下面就为大家简单地介绍一下。

（一）河北灵岩寺

仅河北一省就有两个灵岩寺，其一位于鹿泉市西南，其二位于张家口市蔚县。

1. 鹿泉市灵岩寺

灵岩寺位于鹿泉市西南，枣林村西，原为并排两座寺院，中间以腰墙分隔为前后两进院落，座北朝南，占地面积约五千

灵岩寺

平方米。前有天王殿，殿前有石桥一座，由块石砌就，在石缝中原长有一棵柏树，从根部分成二杈，呈倒人字形，当地人俗称"人字柏"。进天王殿，院东西有配殿各三间，东侧有二层钟楼一座，砖、木、石结构，布瓦歇山顶，面一进一，通高9米，三、五架梁横一挂钟用的横梁。前后檐下各用一朵一斗二升交麻叶的平身科，两山面各用两朵交麻叶。角柱为木质通柱。楼顶及墙损坏比较严重。往里进月亮门为二进院，正北为大雄宝殿，砖、木、石结构，布瓦硬山顶，面阔三间，进深一间，前后带廊。建筑面积108平方米，高7.6米。三、五架梁前后带抱头梁，前檐下随檩枋和柱头枋间有垫板，

人字柏

其余构件因白灰抹顶不太清楚。大雄宝殿后面有僧房若干间，寺东并列为跨院，供白衣观音，在清末时就已毁坏。

灵岩寺现仅存大雄宝殿和钟楼，院中还存有五块石碑、二节石幢身、一块经幢华盖。石碑为清代康熙、乾隆、同治年间所刻，其中一碑文中记载："创建于大金明昌年间，重修于万历八年，迄今又三百余年……"由此可知，灵岩寺创建于金，重修于明、清。现存的为清代建筑。

灵岩寺往西 250 米处有一天然洞穴，为灵岩洞，正处在海螺山的山脚下，洞口

灵岩寺大雄宝殿

灵岩寺

大雄宝殿是寺内僧人佛教活动的主要场所

上部山石陡峭，巨岩横卧，由小石洞相连的多个石室组成，俗称"十八连珠洞"。古人曾记之"洞之首出山阳，尾通山阴，曲折里许，幽眇绝尘，鞠躬而进，每入一珠，乖如乳彩，散如花余"。实际上只有九个洞室，称九节连珠洞。第一室最大，宛如一宽敞大厅，室中央原有一座佛像，高约两米，为洞内天然石块刻成，通过石门可进入二室，又是一番景象，举火相望，洞壁水珠滴淌，异彩闪耀。每进一室各有不同，其中第四室滴水如春雨，并伴有叮咚之声，如琴、筝弹奏。第五室为"天外天"，洞壁高处突出一块巨石，石上可容数人坐卧，真似空中仙阁。最后到第九

蔚州灵岩寺冬景

室为最小，难以进入。灵岩寺因洞而名，灵岩洞又因寺而传名。

2. 蔚县灵岩寺

蔚州灵岩寺，又称前寺，位于蔚县城内鼓楼西街。据记载始建于金代，毁于元末，正统六年（1441 年）敕赐重建。

灵岩寺坐北朝南，占地面积 6682 平方米。

现存天王殿、大雄宝殿、东西配殿四座建筑及部分禅房。

天王殿为单檐歇山布瓦顶，面阔进深各三间，平面略成方形，殿内梁架结构中的减柱造、脊瓜柱旁叉手、阑额与普柏枋出头呈"T"字形、鸳鸯交首拱，斗拱用材较大，布局疏朗等特点，保留了较多的早期大木建筑特征。大雄宝殿为单檐庑殿顶，面阔五间，进深四间，建筑面积 340 平方米。该建筑屋顶坡度平缓，出檐深远，檐下五踩重昂抹斜拱，风格古朴，为典型民间工艺做法。三交六椀菱花的五抹头落地隔扇装修，做工精细。殿内精美的天花和覆斗形藻井，制作精美，用材考究，彩绘绚丽，内涵丰富。虽历经数百年，仍保存完好，艳丽如新，具有辉煌的艺术效果及浓郁的宗教气氛。

灵岩寺大雄宝殿采用古建筑等级最高的庑殿顶，建筑规格较高。据考证，灵岩寺系明正统年间"土木之变"的祸首——大太监王振奏请英宗所赐建，是蔚州名刹之一。

（二）浙江雁荡山灵岩寺

灵岩寺始建于北宋太平兴国四年（979年），因寺境山水灵秀，名闻京师，宋太宗特赐御书经书五十二卷。咸平二年真宗（999

雁荡山灵岩寺

浙江雁荡山

年）赐额"灵岩禅寺"。仁宗赐金字藏经。后几经战乱，明清时重建，规模缩小。1984年显广法师率徒五人从国清寺返灵岩寺，恢复佛事活动，修葺宝殿、僧舍，重塑三宝、观音，整座寺宇焕然一新。1996年冬，新建殿圆满落成，为寺宇又添壮景。

灵岩寺位于灵岩景区。背依灵岩，寺以岩名。四周奇峰嶙峋，古木参天。是雁荡十八古刹之一。寺有殿宇、禅房百余间，号称"东南首刹"，四周群峰环列，雄壮浑庞；古木参天，环境幽绝。清人喻长霖

灵岩寺
114

钟灵毓秀的灵岩山寺，是姑苏古城一处著名的佛教胜地

的一副楹联的下联，生动地写出了周围的景色："左展旗，右天柱，后屏霞，数千仞，神工鬼斧，灵岩胜景叹无双。"

（三）苏州灵岩寺

苏州西郊的灵岩山，是闻名遐迩的江南名山和佛教胜地，位于苏州市城西南14公里处，太湖之滨，海拔182米。山上多奇石，相传灵岩塔前的"灵芝石"最为著名，故得名"灵岩山"。灵岩山一向有"灵岩秀绝冠江南"和"灵岩奇绝胜天台"的美誉，为苏州一大胜景。

灵岩寺位于山顶，在春秋时期这里是吴王"馆娃宫"的旧址。话说春秋后期吴越两国

其他灵岩寺

在夫椒一战，越国大败，越王勾践入吴充当人质，并向吴王夫差献上越中美女西施。夫差特地为她在灵岩山上建造行宫，铜钩玉栏，奢侈无比，是我国最古老的皇家园林。由于吴人称美女为"娃"，故名"馆娃宫"。公元前 473 年，越王勾践从水路攻进吴国时，把这座富丽堂皇的馆娃宫付之一炬，烧成了断壁残垣。现在灵岩山仍有馆娃宫遗址——吴王井、玩月池、琴台、砚池、西施洞等存于山顶，作为那段传奇历史的见证。

苏州灵岩山景区

灵岩寺

沿途的石刻碑坊

灵岩山林木苍翠

东晋末年太尉陆沅在灵岩山的吴宫遗址修建别墅，后舍宅为寺。南朝梁武帝天监年间，智积法师来此讲经弘法，佛寺建置更趋完善，宋初改为"秀峰禅院"。南宋高宗绍兴二十一年，抗金名将韩世忠葬在灵岩山西南麓，宋孝宗追封他为"蕲王"，并赐秀峰寺为"显宗崇报禅寺"。明孝宗弘治年间寺庙毁于火灾，至清顺治六年重兴。1910年，无休止达和尚住持寺庙，至1926年改之为净土道场，名为"崇报寺"。1932年，近代高僧印兴未能师将其改为"灵岩山寺"，由此成为江南第一净土道场。

灵岩山岩壑奇秀，林木苍翠。历代名人李白、白居易、范仲淹、高启、文征明、唐寅等及康熙、乾隆两帝都曾到此游览探胜。

苏州灵岩寺建于灵岩山巅，山门朝南，俯临太湖，湖光山色，蔚为壮观。寺院中轴线上有弥勒楼阁、大雄宝殿、念佛堂三进殿堂。东西两侧贯以长廊。东部为多宝塔、智积殿、钟楼、香光厅等建筑，西部则以花园为主。

灵岩山寺门前松柏参天，进门便是天王殿，亦称弥勒阁，殿中央供奉天冠弥勒，

灵岩寺

背后供韦驮菩萨坐像（与一般寺庙的韦驮站像截然不同）。

再进为前院，院中有池名"砚池"，池上架有"界清桥"，据说大雨后，桥东之水清，桥西之水浊，故得此名。

大雄宝殿高25米，宽20米，建于1934年，气势雄伟庄严。大殿正中供奉释迦牟尼佛巨像，高达6米，迦叶、阿难两位弟子侍立两旁。这组塑像完成于1897年，均以香樟木雕刻而成，神态端庄慈祥。佛祖背后为海岛观音，东西两壁排列十六罗汉。大殿后壁供奉文殊、普贤。

大雄宝殿后是念佛堂，1932年建造，是僧人念佛修持的场所。正门悬挂着印光法师

灵岩寺历时千余载，造就了一代代名僧

苏州灵岩寺大雄宝殿

其他灵岩寺

多宝佛塔又称灵岩塔

手书"净土道场"四字。堂内供奉弥陀、观音、大势至菩萨西方三圣像，周围则是僧人打坐念佛的蒲团和禅凳。这一建筑也是灵岩寺独特之处。

位于大殿东侧的灵岩塔，又称多宝塔，始建于梁代天监二年，历经沧桑，挺拔耸立，是灵岩山的标志，也是寺内最有特色的古建筑。

塔高 34 米，七级八面，楼阁式砖木建筑，历代屡遭火灾毁坏。南宋绍兴十七年重建，塔内空心，塔身全用砖砌，每层窗口各供奉有石佛。明万历二十八年塔遭雷击，各层木结构腰檐及塔刹被焚毁，仅存砖塔塔身。1989 年 9 月，灵岩山寺对多宝佛塔进行了全面修复，参照宋代营造法则，恢复了塔刹、塔基、平台和塔檐，1990 年竣工。重修后的宝塔恢复了宋塔原貌，使灵岩山寺更为壮观，游人可拾级登塔，极目远眺姑苏胜景、太湖风光。

灵岩塔南面有钟楼，楼高 15.13 米，为两层木结构建筑。钟楼建于 1919 年，楼上悬挂着清康熙六年铸造的大铜钟，楼下为千佛殿。"灵岩晚钟"曾被列为姑苏十景之一。